훔쳐라,

STEAL LIKE AN ARTIST

아티스트처럼

죽어 있던 생각을 아이디어로 바꾸는 가장 현실적인 10가지 방법

오스틴 클레온 지음 · 노진희 옮김

중앙books

STEAL LIKE AN ARTIST

First published in the United States as :
STEAL LIKE AN ARTIST : 10 things nobody told you about being creative
Copyright ⓒ 2012 by Austin Kleon
All rights reserved.
This Korean edition was published by Joongang books in 2013 by
arrangement with Workman Publishing Company, Inc..
New York through KCC(Korea Copyright Center Inc.), Seoul.
이 책은 (주)한국저작권센터(KCC)를 통한 저작권자와의 독점계약으로 중앙일보플러스(주)에서 출간되었습니다.
저작권법에 의해 한국 내에서 보호를 받는 저작물이므로 무단전재와 복제를 금합니다.

쾅!

아이디어가 쾅! 하고 터질

그 모든 순간들을 위하여

이 책에 쏟아진 독자들의 찬사!

'어렵다, 어렵다. 하기 싫다, 하기 싫다.'를
'재미있다, 재미있다. 오오! 좋은데? 아하?'라고 바꿔준 책

ks*****

· · · · · · · · ·

손바닥만 한 크기의 책이지만 우리가 살면서 어떻게 아티스트처럼 창조하고,
성취하며 살아갈 수 있는지를 작가만의 독특한 방식으로 잘 보여준다.
한마디로 wow라는 단어를 뱉게 만든 책!

da****

· · · · · · · · ·

나만의 스타일을 가지고 싶다는 고민에 오랜 세월 동안 지배당했는데,
"결국 무엇을 하든 '나'라는 사람이 큰 연결고리가 된다."는
저자의 한마디에 앓던 이가 쏙 빠진 기분이다.

al*********

· · · · · · · · ·

모든 내용이 정말 마음에 확확 와닿아 단숨에 읽어버렸다.

ha*********

· · · · · · · · ·

4

작가는 이 책을 읽은 후에 멀리 치워버리라고 조언하지만,
그렇게 안 된다. 자꾸 열어보고 싶으니까.

gs****

• • • • • • • • •

이 책 덕분에 오랫동안 미루어왔던 글쓰기를 시작할 수 있게 되었다.
나는 뭐가 그렇게 무섭고 두렵고 어려웠던 걸까.

al*********

• • • • • • • • •

인간은 꼭 예술가가 아니더라도 매일 무엇인가를 창조해내는 존재다.
그것이 새로운 것이든, 그렇지 않든.
인간은 다양한 경험을 통해 무언가를 창조해내고, 또 이에 늘 목말라 있다.
이 책은 그런 갈증을 해소해주는 책이다.

so****

• • • • • • • • •

책 곳곳에 이 책은 아티스트의 책이다라고 표시가 되어 있는 느낌이다.
그만큼 톡톡 튀고, 생동감과 자신감이 넘친다. 무엇보다 신선하다!

lj****

• • • • • • • • •

"예술은 도둑질이다."

–파블로 피카소

"어설픈 시인은 흉내 내고
노련한 시인은 훔친다.
형편없는 시인은 훔쳐온 것들을 훼손하지만
훌륭한 시인은 그것들로 훨씬 더 멋진 작품을,
적어도 전혀 다른 작품을 만들어낸다.
훌륭한 시인은 훔쳐온 것들을 결합해서
완전히 독창적인 느낌을 창조해내고
애초에 그가 어떤 것을 훔쳐왔는지도 모르게
완전히 다른 작품으로 탄생시킨다."

–*T. S. 엘리엇*

실질적인 조언이
간절했던
열아홉 살의 나

모든 조언은
자전적이다

누군가 당신에게 조언을 할 때
그 사람은 당신이 아니라 과거의 자기 자신에게 조언하는 것이다.
이 책 역시 지금의 내가 과거의 나에게 들려주고 싶은 이야기들이다.
나는 10년 가까이 예술작품이 어떻게 탄생하는지 알아내려
무척 애를 썼고, 그러면서 몇 가지 방법을 터득했다.
그리고 그 방법을 다른 사람들과 공유하려는 순간 깨달았다.
그 방법이 꼭 예술가들뿐만 아니라
우리 모두를 위한 것이라는 걸.
일상생활이나 업무에 크리에이티브를 끌어들이고 싶어 하는 사람들,
다시 말해 모든 이들이 이 책에서 소개할 방법들을 활용할 수 있을 것이다.
다시 말해서 이 책은 바로 당신을 위한 책이다.
당신이 누구든, 무슨 일을 하든.
자, 시작해볼까.

① 훔쳐라,

아티스트처럼

STEAL LIKE AN ARTIST.

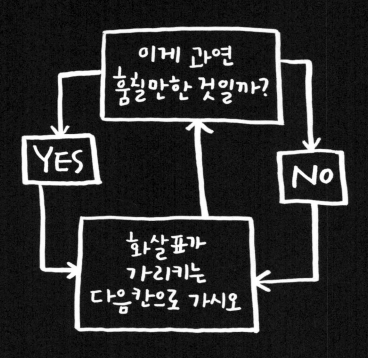

아티스트처럼 세상을 보는 방법

아티스트라면 누구나 이런 질문을 받게 된다.

'어디서 아이디어를 찾으시나요?'

정직한 아티스트라면 이렇게 답할 것이다.

'아이디어는 훔치는 것이죠.'

아티스트들은 세상을 어떤 식으로 보는 걸까?

그들은 일단 어떤 대상을 볼 때 훔칠 만한 건지 아닌지 가늠하고 넘어간다.

그게 거의 전부다.

이런 식으로 세상을 보게 되면 어떤 것이 좋은 소재이고 나쁜 소재인지

가려낼 걱정은 할 필요가 없다. 세상엔 그저 훔칠 만한 것들과 그럴 가치가 없는 것들이 있을 뿐이니까.

　세상 모든 것들이 당신의 손길을 기다리고 있다. 오늘 훔칠 만한 것을 찾지 못하면, 내일 찾으면 되고, 다음 달에, 내년에 찾으면 된다.

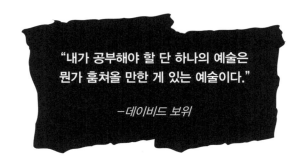

"내가 공부해야 할 단 하나의 예술은
뭔가 훔쳐올 만한 게 있는 예술이다."

–데이비드 보위

이 세상에 오리지널은 없다

작가 조너선 레섬은 "세상이 어떤 작품을 '오리지널'이라고 할 때, 그 십중팔구는 그 작품이 참조한 대상이나 최초의 출처를 모르기 때문이다"라고 말했다.

훌륭한 아티스트들은 그 어떤 것도 맨땅에서 솟아나지 않음을 잘 알고 있다. 모든 창작물들은 이전의 다른 창작물들의 토대 위에서 만들어진다. 세상에 오리지널은 없는 것이다.

성경에도 이런 말이 있다.

"태양 아래 새로운 것은 아무것도 없다."(전도서 1:9)

절망적으로 들릴 수도 있겠지만, 사실 이 말은 희망으로 가득 찬 말이다. 프랑스의 작가 앙드레 지드도 이렇게 말했다. "쓰여져야 할 모든 이야기들은 이미 다 쓰여졌다. 하지만 아무도 귀 기울이지 않았기에 그 모든 것은 다시 쓰여져야 한다."

창작물이 완벽하게 오리지널해야 한다는 강박으로부터 벗어나면 무(無)에서 유(有)를 창조하려는 헛된 노력은 그만해도 된다. 참조하고 싶은 원작으로부터 멀어지려고 애쓰는 대신, 그것을 끌어안을 수 있게 되는 것이다.

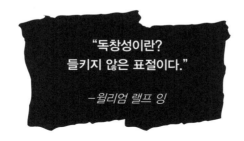

"독창성이란?
들키지 않은 표절이다."

─윌리엄 랠프 잉

아이디어의 계보

새로운 아이디어들은 모두 과거 아이디어들의 합체 혹은 리믹스다. 다음은 아트스쿨에서 가르치는 트릭이다. 종이 위에 두 개의 평행선을 그려보라.

몇 개의 선이 있는가? 첫 번째 검은 선이 있고, 두 번째 검은 선이 있고, 그 두 선 사이에 흰 면으로 이루어진 선이 또 있다.

이렇게! 1+1=3이다.

나에겐 아버지와 어머니가 있고, 두 사람 모두의 특징을 물려받았다. 하지만 나는 두 사람의 특징들을 단순히 더해 놓은 것 그 이상이다. 나는 부모와 그 위의 내 모든 조상들의 리믹스인 것이다.

아버지 + 어머니 = 당신

유전학

이러한 가족의 계보처럼 아이디어에도 계보가 있다. 내 마음대로 가족을 고를 수는 없지만 선생님들과 친구들, 내가 들을 음악, 읽을 책과 영화들은 선택할 수 있다.

말하자면, 나란 존재는 내가 직접 선택해서 인생으로 끌고 들어온 것들의 합체인 것이다. 나에게 영향을 미친 모든 것들의 총합이 바로 나 자신이다. 독일의 작가 괴테는 말했다.

"우리가 사랑하는 것들이 우리를 만들고 다듬는다."

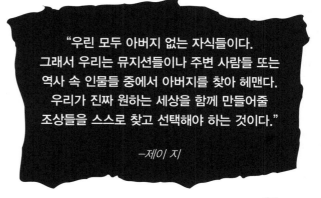

"우린 모두 아버지 없는 자식들이다.
그래서 우리는 뮤지션들이나 주변 사람들 또는
역사 속 인물들 중에서 아버지를 찾아 헤맨다.
우리가 진짜 원하는 세상을 함께 만들어줄
조상들을 스스로 찾고 선택해야 하는 것이다."

―제이 지

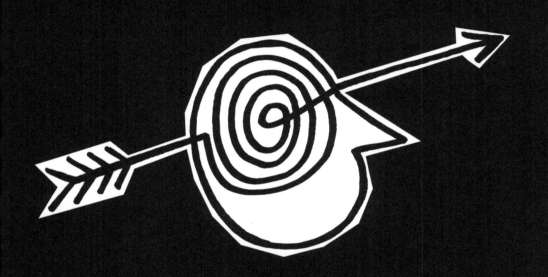

잡동사니를 끌어 모아야 잡동사니를 만들어 낼 수 있다

아티스트는 수집가다. 마구잡이로 주워 담는 수집광과는 엄연히 다르다. 수집광은 개념 없이 모으지만 수집가는 선택적으로 모은다. 그들이 정말 좋아하는 것만을 모으는 것이다.

경제학 이론 중에 다음과 같은 것이 있다. 내 가장 친한 친구 다섯 명의 연봉을 다 더해서 평균을 내면 내 연봉과 매우 근접한 액수가 나온다는 이론이다.

이 이론을 아이디어의 경우에 적용해봐도 아주 잘 들어맞는다. 내가 어떤 것들에 둘러싸여 있는가는 내가 어떤 사람인지를 말해준다. 예전에 어머니는 내게 이런 말씀을 자주 하셨다. "그렇게나 잡동사니들을 끌어다 모으더니, 이제 네가 잡동사니들을 만들어내는구나." 이런 소리를 들으면 난 미쳐버릴 것 같았다. 하지만 이제서야 그 의미를 알 것 같다.

일단 좋은 아이디어들을 모으기만 하면 된다. 좋은 아이디어를 많이 모으면 모을수록 작품활동에 갖다 쓸 수 있는 소재들을 많이 갖게 되는 셈이다.

> "어떤 울림을 주거나 상상력을 끓어오르게 하는 것이라면 무엇이든 다 훔쳐라. 옛날 영화, 신작 영화, 음악, 책, 그림, 사진, 시, 꿈, 대화, 건축물, 다리, 간판, 나무, 구름, 물줄기, 빛과 그림자.
> 당신의 영혼에 정면으로 호소하는 것들만 가려내서 훔치면, 당신의 작품(또는 당신의 도둑질)은 진품이 될 것이다."
>
> —짐 자무쉬

자기 자신만의 계보를 거슬러 올라가보라

마르셀 뒤샹은 "난 예술을 믿지 않는다. 예술가들을 믿는다"고 했다. 이는 실제로 굉장히 좋은 공부방법이다. 만약 역사상 모든 예술활동의 훈련법을 한꺼번에 습득하려고 덤비면 숨이 막혀버릴지도 모르니까.

정말 좋아하는 사상가 한 명—작가든, 화가든, 행동가든, 당신의 롤모델이 되는 누구든—을 곰곰이 생각해 보자. 그 사상가를 이해하기 위한 모든 것들을 찾아내 공부해본다. 그리고 나선 그 사상가가 추앙했던 사람 세 명을 찾아내, 그들에 대한 모든 것을 공부한다.

이러한 과정을 가능한 한 많이 되풀이한다. 좋아하는 예술가의 계보를

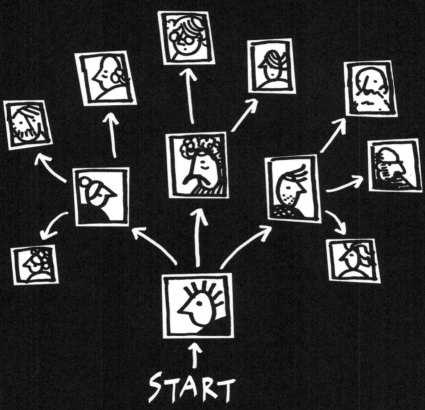

START

따라 가급적 더 멀리멀리 과거로 거슬러 올라가보는 것이다. 이렇게 해서 내 크리에이티브에 대한 가계도가 만들어졌으면, 이제 나만의 가지를 만들고 뻗어나갈 차례다.

당신이 거대한 크리에이티브 가계도의 일부라는 사실을 알게 되면 훨씬 덜 외롭게 창작활동을 시작할 수 있을 것이다. 나는 작업실에 좋아하는 아티스트들의 사진들을 붙여놨다. 그들은 마치 나와 아주 친한 유령들 같은 존재이다. 내가 아무것도 못하고 책상 위에 엎어져 있을 때 그들이 날 다시 일으켜 앉히는 느낌마저 들 정도다.

이미 고인이 되어버린 거장들의 좋은 점은 그들이 제자가 되려는 당신을 절대 거부할 수 없다는 점에 있다. 당신은 그들에게서 배우고 싶은 모든 걸 다 배울 수 있다. 당신을 위한 강의계획서는 그들 작품 안에 고스란히 남겨져 있다.

read deeply

자세히 읽어라.

stay open.

열려 있어라.

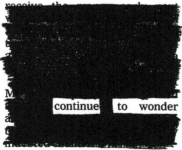

continue to wonder

계속 궁금해하라.

Google it

구글링하라.

나의 학교는 나 자신이다

학교는 학교고, 공부는 공부다. 두 가지가 항상 겹치는 건 아니다. 학교에 있든 아니든, 스스로 알아서 공부하는 건 대단히 중요한 일이다.

이 세상에 대해 늘 호기심을 가져야 한다. 궁금한 건 찾아보고 무엇을 참조해서 만들어진 건지 따라가보라. 누구보다 깊이 파고들어라. 이것이야말로 앞서나갈 수 있는 비법이다.

인터넷에서 모든 것을 검색하라. 진짜 '모든 것'을 말이다. 당신의 꿈들과 문제들을 검색해보라. 검색하기 전엔 질문하지

> "학교를 다니거나 말거나,
> 난 늘 공부할 거다."
>
> —RZA

마라. 검색을 하면 답을 찾거나 혹은 더 나은 질문을 찾게 될 것이다.

항상 무언가를 읽어라. 도서관에 가라. 책들에 둘러싸인다는 건 마법과도 같은 일이다. 서가에서 길을 잃어보라. 도서 목록들을 읽어라. 굳이 책을 읽지 않더라도 책들이 당신을 다른 책들로 이끌어줄 것이다.

당장 읽을 계획이 없는 책들이더라도 책들을 모아라. 영화제작자 존 워터스는 말했다. "읽지 않은 책들로 채워진 서재, 그곳이 내겐 가장 중요한 장소다."

'뭘 찾고 공부해야 되지?' 망설이지 마라. 그냥 찾고 공부해라.

나만의
도둑질 파일을
만들어라

어디서든 노트와 펜을 들고 다녀라. 언제든지 그것들을 꺼내어 당신이 생각한 것과 본 것들을 적는 습관을 들여라. 책에서 본 좋은 글귀를 옮겨 적어보고 귓가에 들려오는 대화들을 기록해라. 전화통화를 할 때조차도 끼적여라.

무리를 해서라도 꼭 종이를 갖고 다녀라. 화가 데이비드 호크니는 스케치북이 들어갈 만한 속주머니가 있는 재킷을 맞춤제작해서 입고 다녔다.

음악가 아서 러셀은 오선지 종이들을 쑤셔넣을 수 있는 두 개의 주머니가 달린 셔츠를 즐겨 입었다.

자신만의 도둑질 파일을 만들어라. 말 그대로 도둑질 파일이다. 당신이 어떤 것을 훔쳤는지 그 궤적을 알 수 있는 파일이다. 디지털이어도 좋고 아날로그여도 좋고 그것을 활용하기만 한다면 어떤 형태건 상관없다. 스크랩북을 하나 만들어서 이것저것 오려서 붙여놓을 수도 있고 휴대폰으로 사진을 찍어놓는 방법도 좋다.

뭔가 훔칠 만한 것을 발견했는가? 도둑질 파일 안에 넣어라. 뭔가 영감이 필요한가? 도둑질 파일을 열어봐라.

신문 기자들은 이런 파일을 '죽은 것들의 파일'이라고 부르는데 난 이 표현이 참 좋다. 파일 안에서 있을 땐 죽어 있던 것들을 나중에 내 작품으로 불러들이면 그것들은 새 생명을 갖게 된다.

32

"남의 것들을 그냥 버려두느니
주워 와서 내 것으로 만드는 것이
훨씬 낫다."

—마크 트웨인

② 그냥

너무 깊이 생각

DON'T WAIT UNTIL YOU KNOW

시작해라,
하지 말고

WHO YOU ARE TO GET STARTED.

뭐라도 만들어내라
자기 자신을
알게 될 것이다

내가 만약 '나는 앞으로 무엇이 될 것인가'에 대한 답부터 구한 다음 크리에이티브한 작업을 시작하려 했다면, 아직도 아무것도 만들어내지 못한 채 내 존재에 대한 고민만 계속하고 앉아 있었을 것이다. 경험으로 볼 때, 뭔가를 만들어내는 행위와 과정 자체에서 내 존재를 이해할 수 있었다.

당신은 벌써 준비가 됐다. 당장 뭐라도 만들어내라.

시작은 늘 두렵다. 당연한 일이다. 지식인들에게 만연한 '사기꾼 증후군'이라는 것이 있다. 이를 임상적으로 정의하자면 '자신의 업적을 자신의 것으로 받아들이지 못하는 심리적인 현상'이다. 내가 뭘 하고 있는 건지 모르겠고, 잘 알지도 못하면서 떠벌리고 있는 것 같고, 그래서 자신이 사기꾼처럼 느껴지는 증상이다.

하지만 우리 모두가 그렇다. 크리에이티브한 작품활동을 펼치고 있는 아무나 붙잡고 한번 물어봐라. 이런 진실을 말해줄 것이다. 그들 역시도 자신이 만들어낸 그 훌륭한 작품들이 어디서 어떻게 생겨났는지 모른다. 그저 날마다 작품활동을 열심히 했을 뿐이다.

진짜인 척해라 진짜가 될 때까지

드라마투르기(극작법)라고 들어본 적이 있는가? 400여 년 전 윌리엄 셰익스피어가 희곡 '당신이 원하는 대로'에 썼던 다음 몇 가지를 일컫는 문학 전문용어다.

이 세상은 무대고

온갖 남녀는 배우이다.

각자 퇴장도 하고 등장도 하며

주어진 시간 동안 각자의 역을 한다.

이를 이렇게 말할 수도 있지 않을까? 진짜인 척해라, 진짜가 될 때까지.

내가 좋아하는 이 문장은 다음 두 가지로 해석될 수 있다.

1. '그 사람'인 척해라, 진짜 '그 사람'이 될 때까지―당신이 되고 싶어 했던 '그 사람'이 이미 된 것처럼 행동하라, 정말 성공해서 세상 사람들이 모두 당신을 진짜 '그 사람'으로 봐줄 때까지.

2. 뭔가 대단한 것을 만들어내는 척해라, 진짜로 뭔가 대단한 것을 만들어낼 때까지.

두 가지 해석 모두 좋다. 현재 직업이 아니라 원하는 직업에 어울리는 옷을 입고, 앞으로 하길 원하는 일들을 시작해야 하는 것이다.

내가 좋아하는 책 중에 뮤지션 패티 스미스가 쓴 《just kids》라는 책이 있다. 이 책은 아티스트가 되고 싶어서 뉴욕으로 온 두 친구에 대한 이야기다. 그들은 어떻게 아티스트가 될 수 있었을까?

그들은 아티스트인 척했다. 이 책에서 내가 가장 좋아하는 이야기는 이 책의 제목이 되기도 한다. 패티 스미스와 그녀의 친구, 사진작가 로버트 메이플소프는 완전히 보헤미안

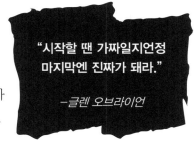

"시작할 땐 가짜일지언정
마지막엔 진짜가 돼라."

―글렌 오브라이언

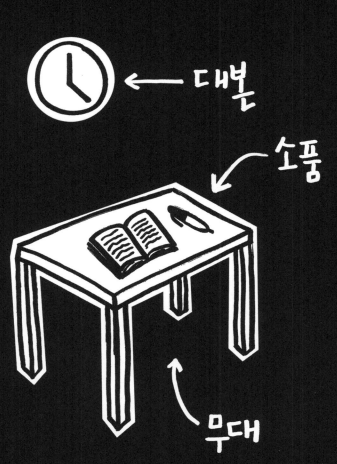

대본

소풍

무대

집시풍으로 차려입고 온갖 부류의 사람들이 나와 놀고 있는 워싱턴 스퀘어 파크에 갔다. 관광객인 듯한 노부부가 패티 스미스 패거리를 얼빠진 듯 바라봤다. "여보, 저 사람들 사진 좀 찍어요. 아티스트들인 것 같아요." 노부인이 남편에게 얘기하자 "에이, 됐어. 쟤들은 그냥 애들이야." 남편이 대답했다.

결론은 이렇다. 모든 세상이 무대다. 창작활동이란 것은 어쩌면 연극과 같다. 무대는 당신의 작업실, 책상 또는 노트북이다. 무대의상은 페인트가 잔뜩 묻은 작업복, 비즈니스 슈트이거나 머리에 쓰면 아이디어가 잘 떠오르는 우스꽝스러운 모자가 될 것이다. 소품은 당신의 재료들, 도구들, 장비들일 것이다. 대본은 흐르는 시간에 따라 쓰여진다. 여기서 한 시간, 또 저기서 한 시간. 시간이 흐르면 뭐든 만들어지게 되어 있다.

진짜인 척해라,

진짜가 될 때까지

카피를 시작하라

그 누구도 자신의 문체나 어조를 타고나지 않는다. 자궁 밖으로 나올 땐 스스로가 누구인지도 잘 모른다. 처음에 우리는 각자가 우러러보는 히어로를 흉내 내면서 많은 것을 배운다. 우리는 카피(copy)하면서 배우는 것이다.

여기서 말하는 카피란 표절이 아니라 실습이다. 표절이 다른 사람의 작품을 자신의 것인양 조작하는 것이라면, 카피는 역설계(逆設計)를 해보는 것이다. 즉, 자동차의 작동원리를 알고 싶어서 차를 분해하고 재조립해 보는 것과 같다.

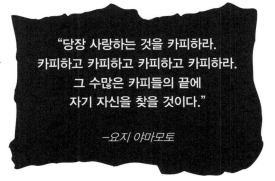

"당장 사랑하는 것을 카피하라.
카피하고 카피하고 카피하고 카피하라.
그 수많은 카피들의 끝에
자기 자신을 찾을 것이다."

―요지 야마모토

☆ ☆ ☆ ☆ ☆
☆ ☆ ☆ ☆ ☆
☆ ☆ ☆ ☆ ☆
☆ ☆ ☆ ☆ ☆
☆ ☆ ☆ ☆ ☆

사람의 손은 완전하게 똑같은
커피를 만들어내지 못한다.

알파벳을 그대로 따라 써보면서 우리는 처음 쓰기를 배웠다. 음악가들은 음계 연습을 하면서 악기 연주를 익힌다. 화가들은 명작들을 따라 그리면서 그림을 배운다.

비틀스마저도 커버밴드(역주 : 유명밴드의 곡들을 그대로 흉내 내어 연주하는 밴드)로 시작했다. 폴 매카트니가 말했다. "나는 버디 홀리, 리틀 리처드, 제리 리 루이스, 엘비스 프레슬리를 흠모하고 모방했다. 그 시절 우리 모두는 다 그랬다." 매카트니와 존 레논은 역사상 가장 위대한 싱어송라이터들이지만, 그들이 자작곡을 만들기 시작한 이유는 "다른 밴드들이 비틀스와 똑같은 카피곡 리스트로 연주하지 못 하게 하기 위해서"였다고 매카트니는 얘기한 바 있다.

먼저 누구를 카피할지 정해라. 그리고 무엇을 카피할지 정해라.

누구를 카피할 것인가를 정하는 건 쉽다. 내가 사랑하고 내게 영감을 주고 워너비가 되는 영웅들을 카피하면 되니까. 작곡가 닉 로는 "당신의 영웅이 만든 곡들을 다시 써보는 것으로 시작하라"고 했다. 영웅들 중 한 명에게서만 훔치지 말고, 영웅들 모두에게서 훔치는 것이 더 좋다. 한 작가에게서 훔치면 표절이지만 여러 작가들에게서 훔치면 탐색이 된다고 작가 윌슨 미즈너는 말했다. 만화가 개리 팬터가 이런 말을 한 적이 있다. "영향을 받은 사람이 딱 한 사람뿐이라면 세상은 당신을 제2의 누구누구라고 칭할 것이다. 하지만 수백 명을 베낀다면 세상은 당신을 '오리지널'로 떠받들 것이다!"

무엇을 카피할 것인가는 조금 어렵다. 스타일만 훔칠 게 아니라 스타일 너머의 생각들을 훔쳐야 한다. 영웅들처럼 보여서는 안 된다. 영웅들처럼 보아야 한다.

영웅들을 카피하는 것의 가장 중요한 목적은 그들의 정신세계를 엿보는 것이다. 그들의 스타일을 카피해보면 그들이 세상을 바라보는 방식을 배울 수 있다. 만약 당신이 어떤 작품이 어떤 의도에서 만들어졌는지에 대한 이해 없이 작품 자체를 표면적으로 흉내만 내고 만다면, 그것은 그저 절도와 다를 바가 없다.

선배들을 그대로 따라하는 것은 그들을 기쁘게 하지 못한다

"당신이 뭔가를 얻어갔으면 좋겠다.
처음엔 뭔가를 훔쳐가라고 말하려 했지만,
당신이 그럴 수 있을 것 같진 않으니까 말이다.
우리가 던지는 생각들을 받아들여서
당신만의 보이스로 나타내보면
고유한 보이스를 찾게 될 것이다.
이렇게 새로운 보이스가 탄생하고
언젠가 또 다른 누군가는 당신에게서
훔쳐낼 만한 뭔가를 찾아내게 될 것이다."

—프랜시스 포드 코폴라

때가 되면, 영웅을 흉내 내기 단계에서 본받기 단계로 나아가야 한다. 흉내 내기는 그냥 카피하는 것이지만 본받기는 한 걸음 더 나아가 자신만의 고유한 것을 창조하는 것이다.

"새로운 동작이란 건 없어요." 농구스타 코비 브라이언트는 그가 코트 위에서 보여주는 모든 동작들은 선배 영웅들의 비디오를 보고 훔쳐온 것이라고 고백한 바 있다. 코비가 그 동작들을 훔쳐왔다 하더라도 완벽히 재현해낼 순 없었을 것이다. 코비의 신체조건이 그들과 달랐기 때문에 훔쳐온 동작들을 자신의 신체에 맞게 변형시켜야 했기 때문이다.

코넌 오브라이언은 처음엔 선배 코미디언들을 본받기 위해 애쓰지만 그들에게 못 미친다는 걸 알게 되고, 그럼으로써 결국 자신만의 고유한 스타일을 찾아냈다고 했다. 자니 카슨은 잭 베니처럼 되려고 노력했지만 자니 카슨이 됐다. 데이비드 레터맨은 자니 카슨을 무던히 모방했지만 결국 데이비드 레터맨이 됐다. 코넌 오브라이언은 데이비드 레터맨처럼 되고자 애썼지만 결국 코넌 오브라이언이 됐다.

좋은 도둑질	VS.	나쁜 도둑질
원작에 명예로운 일		원작에 먹칠하는 짓
연구		겉핥기
여기저기서 훔침		한가지에서만 훔침
신용거래		도용
트랜스폼		이미테이션
청출어람		아류

"나의 모든 동작들은 전부
훌륭한 선배들로부터 훔친 것이다.
그들에게서 너무나 많은 것을 배웠기 때문에
난 그들을 제대로 대접해야만 한다.
그런 마음으로 경기에 임하고,
이것이 나에겐 대단히 큰 의미다."

–코비 브라이언트

코넌 오브라이언의 말 중에 이런 것이 있다.

"내가 늘 꿈꿔온 롤모델처럼 되는 것, 그것에 실패함으로써 우리는 존재감과 독창성을 갖게 된다." 휴, 다행이다.

인간에겐 참 멋진 약점이 있다. 완전히 똑같은 카피를 만들어낼 수 없다는 점이다. 존경하는 나의 영웅들과 완벽하게 똑같아질 수 없는 바로 그 지점에서 나만의 색깔이 드러나게 된다. 이런 식으로 우리는 진화하는 것이다.

자, 당신이 존경하는 영웅들을 카피하라. 당신의 어떤 점이 그들에게 못 미치는지 알아내라. 그들에게 못 미치는 점 중에서 당신을 그들과 구별되게 하는 점이 있는가? 바로 그 점을 극대화해서 자신만의 것으로 만들어야 한다.

마지막으로 당신이 존경하는 영웅들을 그대로 따라 하는 것은 그들을 기쁘게 하지 못한다. 그들의 작품을 당신만의 고유한 스타일로 만들어낼 때 그들도 으쓱할 것이다. 당신만이 더할 수 있는 무언가를 이 세상에 더해주길 바란다.

③ 당신이
당신이 읽고

WRITE THE BOOK

써라,

싶은 책

YOU WANT TO READ.

① 당신의 계보에서 몇사람을 모아보자

② 이리저리
섞어보고
맞춰보고

③ 각 그룹에서는 과연 어떤 작품이 만들어질까?
그걸 내가 만들어 보는거다

당신이 ~~읽는~~ 좋아하는 것을 써라

열 살 생일 때 영화 '쥬라기 공원'이 나왔다. 그 영화를 너무 좋아했던 나는 영화를 다 보고 나오는 순간 속편이 보고 싶어 미칠 지경이었다. 그 다음 날로 바로 나는 낡은 컴퓨터로 스스로 속편을 써버렸다. 내가 쓴 속편에선 공룡에게 잡아먹힌 사냥 금지구역 감시원의 아들이 공원 설립자의 손녀와 함께 섬으로 다시 돌아간다. 한 사람은 공원을 없애버리길 바라고 또 한 사람은 보존하길 바란다. 당연히 둘은 사랑에 빠지고 모험이 펼쳐진다. 그 당시엔 몰랐지만 내가 쓴 것이 바로 오늘날 얘기하는 팬픽―이미 존재하는 인물들을 가지고 만들어낸 허구의 이야기―이었던 셈이다. 열 살의 나는 컴퓨터 하드디스크에 이야기를 저장했다. 몇 년 후 쥬라기 공원 2편이 나왔다. 2편은 완전 구렸다. 속편은 늘 우리 머릿속에 있는 속편보다 구리니까.

젊은 작가들이 늘 하는 질문이 있다. "무엇을 써야 할까요?" 이에 대한 틀에 박힌 대답은 "잘 아는 걸 쓰라."이다. 이런 충고 때문에 항상 재미있는 일이라고는 하나도 안 일어나는 끔찍한 이야기들이 나오는 것이다.

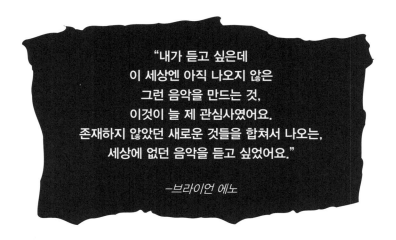

"내가 듣고 싶은데
이 세상엔 아직 나오지 않은
그런 음악을 만드는 것,
이것이 늘 제 관심사였어요.
존재하지 않았던 새로운 것들을 합쳐서 나오는,
세상에 없던 음악을 듣고 싶었어요."

—브라이언 에노

예술을 좋아하기 때문에 우리는 예술을 한다. 기존의 예술가들로부터 자극을 받아서 무언가를 창작하게 된다. 그런 점에서 모든 픽션은 팬픽이다.

최고의 조언은 잘 아는 것을 쓰라는 것이 아니라 좋아하는 것을 쓰라는 것이다. 자신이 가장 재미있어 하는 이야기를 쓰는 거다. 당신이 읽고 싶은 그 이야기 말이다. 이 원칙은 인생과 커리어에도 그대로 적용된다. 다음에 뭘 어째야 할지 갈피를 잡을 수 없을 때면 스스로에게 질문을 던져보라.

"어떻게 하면 앞으로의 이야기가 더 재미있어질까?"

밴드 '디어헌터'의 멤버 브래드퍼드 콕스가 어렸을 땐 인터넷이 없었다. 그래서 그는 늘 가장 좋아하는 밴드의 새 앨범 출시일을 손꼽아 기다렸다고 한다. 새 앨범을 기다리면서 그는 이런 놀이를 했다. 그는 '새로 나올 앨범이 이랬으면 좋겠어'라는 가상의 앨범을 만들고 놀았던 것이다. 그리고 앨범이 출시되면 자신이 만든 곡과 진짜 앨범 안에 담긴 곡들을 비교해보곤 했다. 그리고 그만의 가상앨범에 담겼던 곡들은 훗날 그의 밴드 디어헌터의 노래들이 되었다.

우리가 어떤 작품을 좋아하게 되면 곧 그 이상을 갈구하게 마련이다. 속편을 갈망하게 되는 것이다. 이러한 욕망을 뭔가 생산적인 것으로 전환시킬 수 있지 않을까? 가장 좋아하는 작품과 롤모델들을 떠올려보라. 그들이 놓친 것은 뭐가 있을까? 그들이 만들지 않은 건 어떤 것일까? 어떤 점이 개선될 수 있었을까? 그들이 아직 살아 있다면 그들은 지금 어떤 것들을 만들어 내고 있을까? 좋아하는 예술가들을 한자리에 모아서 당신의 진두지휘하에 콜라보레이션을 한다면 어떤 작품이 나올까?

바로 그 '어떤 것'을 만들어라.

명심하라. 자신이 감상하고 싶은 그림을 그리고, 자신이 운영하고 싶은 비즈니스를 시작하고, 자신이 듣고 싶은 음악을 연주하고, 자신이 읽고 싶은 책을 쓰고, 자신이 사용하고 싶은 제품을 만들어라. 만들어졌으면 하는 작품을 당신이 만드는 것이다.

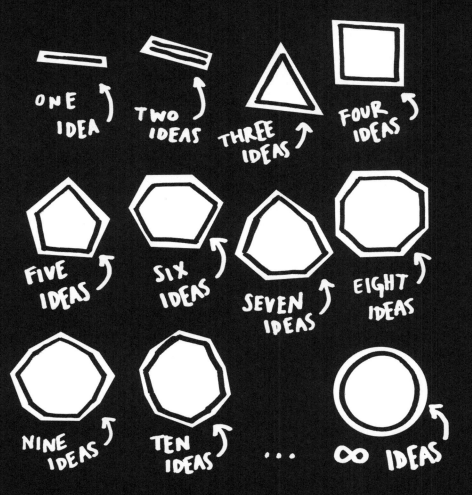

써라

USE YOUR HANDS.

"아이디어들이 어디서 나오는지는 모르겠다.
하지만 노트북에서 나오지
않는다는 것만큼은 확실하다."

—존 클리즈

컴퓨터 모니터를 멀리 하라

내가 제일 좋아하는 만화가인 린다 배리는 이런 말을 했다. "지금 같은 디지털 시대엔 반드시 당신의 디짓들(역주:digit은 손가락이라는 의미를 갖고 있음)을 사용해야 한다." 당신의 두 손이야말로 가장 원초적인 디지털 기기다. 그 기기를 써라.

나는 컴퓨터를 아주 좋아하지만, 컴퓨터는 내가 뭔가를 실질적으로 만들고 있다는 느낌을 빼앗아갔다. 컴퓨터 때문에 이제 우리는 하릴없이 키보드를 두드리거나 마우스를 움직이고 있을 뿐이다. 이런 이유 때문에 소위 지식작업이라는 것은 매우 추상적으로 느껴진다. 라디오헤드의 앨범 재킷

작업을 했던 아티스트 스탠리 돈우드는 이렇게 얘기했다. 컴퓨터는 실제로 일어나고 있는 일과 우리 사이에 유리 한 장을 끼워 넣음으로써 우리를 현실로부터 소외시키고 있다고. "하고 있던 작업을 프린트해서 뽑아내기 전까지 우리는 본인의 작업을 직접 만져볼 수도 없다."

컴퓨터 앞에 앉아 있는 사람들을 보라. 미동도 없이 가만히 앉아 있다. 과학적인 연구 결과를 굳이 들먹이지 않더라도 컴퓨터 앞에 하루 종일 앉아 있는 것이 우리와 우리의 작업을 망치고 있다. 머리가 아니라 몸을 써서 뭔가를 만들어내고 싶은 마음이 들어야 한다.

머리로만 만든 예술은 쓸모가 없다. 대단한 뮤지션이 연주하는 무대를 보라. 훌륭한 리더가 연설을 하는 걸 보라. 내가 하는 말의 의미를 알 수 있을 것이다.

작업 속으로 몸을 끌고 들어오는 방법을 찾아낼 필요가 있다. 우리의 신경은 일방통행이 아니라서, 뇌가 육체를 지배하는 것만큼이나 육체도 뇌를 지배한다. "하는 시늉이라도 하라"는 말을 들어본 적이 있는가? 크리에이티

머리로만 만든 예술은
쓸모가 없다.

"나 역시도 컴퓨터 모니터 속에서
깜박이는 커서를 한참 째려보곤 했었다.
이제 시간을 들여
리얼한 세상에서 뭔가를 해보자.
식물을 심는다든가,
강아지를 산책시킨다든가,
책장을 넘기며 책을 읽는다든가,
오페라를 보러간다든가
하는 일들 말이다."

—에드워드 터프트

브한 작업엔 참 재밌는 구석이 있다. 그냥 하는 시늉을 하는 것만으로, 예를 들어 기타를 퉁기거나, 회의 테이블 위에 접착 메모지를 이리저리 늘어놓는다거나, 찰흙을 주물럭거리는 행위들이 뇌에 발동을 걸어준다.

대학 시절 '크리에이티브한 글쓰기 워크숍'이라는 수업을 들을 때, 모든 글은 줄 간격 200에 '타임스 뉴 로마'체로만 써야 했다. 내 습작들은 완전 끔찍했다. 글쓰기는 더 이상 내게 신나는 일이 아니었다. 시인 케이 라이언은 말했다. "크리에이티브한 글쓰기 워크숍 같은 프로그램이 없던 시절, 워크숍이란 원래 장소를 뜻하는 말이었다. 때론 손수 톱질하고 망치질하고 직접 만들고 꾸민 지하실 같은 곳을 의미하는 그런 단어였다."

작가 브라이언 키들리는 워크숍이라는 단어의 본래 의미를 되찾기 위해 "수작업에 필요한 모든 재료와 도구들이 가득한 밝고 쾌적한 방"을 직접 만들고자 했다.

작업에 아날로그 도구들을 다시 쓰기 시작하고 나서야 비로소 나의 작업은 다시 재밌어졌고, 더 좋은 작품들을 만들어낼 수도 있었다. 《Newspaper

Blackout》이라는 첫 책에서 나는 가급적 모든 작업을 손으로 하려는 시도를 했다. 작업엔 모든 감각들이 총동원됐다. 손으로 느껴지는 신문지의 느낌, 마커로 칠할 때마다 내 눈앞에서 단어들이 사라지던 모습, 마커에서 나는 끽끽 소리, 마커의 화학성분 냄새, 온갖 종류의 마술이 벌어졌다. 그래서 시를 쓰는 것이 일처럼 느껴지지도 않았다. 마치 노는 것 같았다.

컴퓨터는 당신의 아이디어들을 뽐내기에 딱 좋다. 물론 컴퓨터는 아이디어를 수집하거나 세상에 널리 알리는 데엔 참 좋은 도구지만, 아이디어를 발전시키는 데엔 전혀 도움이 안 된다. 삭제 키를 눌러야 할 일들이 너무 많아서다. 컴퓨터 앞에선 왠지 엄격한 완벽주의가 발동되어 우리는 아이디어를 갖기도 전에 아이디어를 편집하기 시작한다.

만화가 톰 굴드는 만화에 대한 구상이 거의 정리되기 전까지 컴퓨터 앞에 앉지 않는다고 말했다. 컴퓨터가 작업에 개입되는 순간 "모든 건 반드시 끝이 나야만 하는 대상이 되고 말지만, 스케치북에서는 가능성이 끝도 없이 뻗어나갈 수 있기" 때문이다.

다시 《Newspaper Blackout》에 대한 얘기를 하자면 나는 손으로 작업한 모든 걸 스캔해서 컴퓨터에 저장한 다음 A4 용지 1/4 크기로 전부 출력했다. 그것들을 작업실에 온통 늘어놓은 다음 재배열했고, 한 장 한 장 순서대로 쌓아올렸다. 그 순서 그대로 다시 컴퓨터로 옮겨놓은 것이 바로 나의 책이 됐다. 제일 먼저 손으로, 그 다음에 컴퓨터, 그러고 나서 또 손으로, 다시 컴퓨터의 순이다. 아날로그와 디지털이 돌고 도는 과정이었다.

난 이제 모든 작업을 이런 식으로 한다. 내 작업실엔 두 개의 책상이 있는데 하나는 아날로그 책상, 하나는 디지털 책상이다. 아날로그 책상 위엔 마커, 펜, 연필, 메모지, 신문들만 있다. 이 책상 위에 전자용품은 출입금지다. 여기서 내 모든 작품이 탄생하고 작업의 모든 흔적과 스크랩 잔여물들이 남아 있다. (컴퓨터 하드드라이브랑은 달리 종이는 삑이 나지 않는다.) 디지털 책상 위엔 노트북이 있고 모니터, 스캐너, 태블릿이 있다. 이 책상 위에서 나는 작품을 편집하고 발표한다.

장소가 허락한다면 아날로그와 디지털, 두 개의 작업공간을 꾸며보라.

아날로그 작업공간에선 전자기기는 싹 치워버려라. 10달러를 들고 문방구에 가서 종이와 펜, 접착 메모지들을 사와라. 아날로그 작업 공간에 들어갈 땐 공작시간이라고 생각해라. 종이 위에 끄적이고, 그걸 잘라서, 테이프로 다시 붙여봐라. 작업할 땐 서서 한다. 종이들을 벽에 붙여서 일정한 패턴이 있는지 찾아봐라. 죽 늘어놓고 이렇게도 모아보고 저렇게도 모아보라.

　아이디어가 모이기 시작했으면 이제 디지털 작업공간으로 건너가도 된다. 컴퓨터로 그 아이디어들을 실행시키고 발표하기만 하면 된다. 그러다가 뭔가 흐름을 놓치면 다시 아날로그 작업공간으로 돌아와 놀아라.

⑤ 곁다리
취미가

SIDE PROJECTS AND

직업이나
중요하다

HOBBIES ARE IMPORTANT.

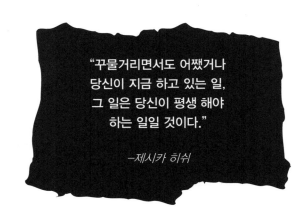

"꾸물거리면서도 어쨌거나
당신이 지금 하고 있는 일,
그 일은 당신이 평생 해야
하는 일일 것이다."

−제시카 히쉬

'이리 미루고 서리 미루기'를 습관화하라

작가로 오래 활동한 건 아니지만 내가 배운 점이 있다. 진짜로 작품으로 뻗어나갈 뭔가는 사이드 프로젝트(Side Project)에 있다는 것이다. 사이드 프로젝트란 그냥 미적거리고 있는 일들이다. 그냥 심심해서 해보는 일들이다. 그런데 그 일들이 사실은 진짜 좋은 소재가 된다. 그런 일들이 마법을 부린다.

나는 여러 프로젝트를 동시에 진행하면서 그 일들 사이를 넘나드는 것이 좋은 방법이라고 생각한다. 한 프로젝트에 질리면 다른 프로젝트를 하고, 또 이 프로젝트를 하다가 싫증이 나면 아까 그 프로젝트로 되돌아가면

창 밖을 보라.

산책하라.

밖으로 나가라.

샌드위치를 먹어라.

된다. 생산적인 '이리 미루고 저리 미루기'를 습관화하라.

지루해 하는 시간을 가져라. 한번은 나와 함께 작업하는 작가가 이런 말을 했다. "난 바빠지면 멍청해져." 정말 그렇다. 크리에이티브한 사람들에겐 그냥 가만히 앉아서 빈둥거릴 시간이 꼭 필요하다. 몇몇 가장 멋진 아이디어들은 내가 심심할 때 나왔다. 그래서 나는 절대로 셔츠를 세탁소에 맡기지 않는다. 나는 심심한 다리미질을 참 좋아하는데, 다리미질을 할 때면 늘 좋은 아이디어가 떠올랐다. 긴 산책을 해보라. 할 수 있는 한 오래 벽지 한 부분을 응시해보라. 예술가 마리가 칼만이 얘기했던 것처럼 "작업에서 떨어져 있는 것이 가장 집중할 수 있는 방법이다."

빈둥거리는 시간을 가져라. 길을 잃어보라. 방황하라. 어떤 일이 일어날지 상상도 못할 것이다.

당신의 어떤 부분도 함부로 버리지 마라

두세 가지 열정을 갖고 있다면 굳이 하나만 고르려고 애쓰지 마라. 하나도 버리지 말고 모든 열정을 당신의 인생 속에 품고 있어라. 이것은 내가 극작가 스티븐 톰린슨으로부터 배운 점이다.

톰린슨은 당신이 좋아하는 이것저

"앞만 바라봐서는 점들을 연결할 수가 없다. 뒤돌아봐야 점들이 선으로 이어진다."

—스티브 잡스

ATTENTION
Do not
leave your
longings
unattended

욕망 간수에 주의하세요.

역주: 수지프이라는 뜻의 Belonging에서 철자 두개로 기이며 욕망이가 뜻이

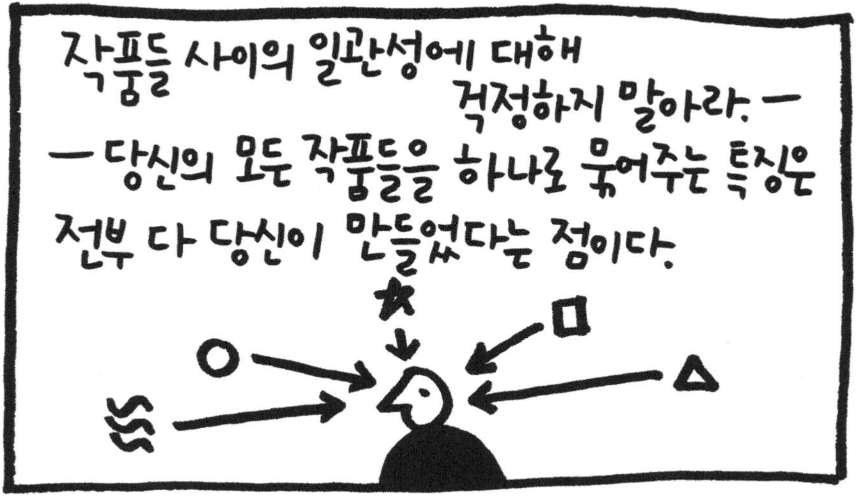
작품들 사이의 일관성에 대해 걱정하지 말아라. —
— 당신의 모든 작품들을 하나로 묶어주는 특징은 전부 다 당신이 만들었다는 점이다.

것들과 함께 시간을 그냥 보내보라고 제안한다. "그것들끼리 이야기를 하게 끔 놔둬라. 그러면 대단한 일이 일어나기 시작한다."

물론 욕망 몇 개를 절단해내고 단 하나의 욕망에만 집중할 수도 있겠지만 곧 환상통을 느끼게 될 것이다.

나는 10대 시절을 음악을 하고 밴드활동을 하면서 보냈다. 후에 나는 글쓰기에만 집중해야겠다 싶어서 5년여 동안은 어떤 음악도 하지 않았다. 환상통은 점점 심해지기 시작했다.

작년쯤 다시 밴드에서 연주를 시작했다. 이제야 나 자신이 온전해졌음을 느낀다. 또 한 가지 죽여주는 것은, 음악을 글쓰기에서 분리시켜 놓았을 때보다 두 가지가 서로 상호작용을 하게 놔뒀을 때 더 좋은 음악이 나왔고—연주할 때 내 안의 신경세포들이 불타오르는 것을 느낄 수 있었다—이로써 또 하나의 새로운 조합이 탄생했다는 점이다.

나와 함께 일하는 사람들의 절반 정도는 뮤지션들이고 (텍사스주 오스틴에서 흔한 일은 아니다), 또한 그들이 다 크리에이티브를 직업으로 하는 사람들도 아니다. 그들 중 상당수는 광고기획자나 개발업자 같은 사람들이다. 하지만 그들은 모두 입을 모아 얘기한다. 음악이 그들의 업무에 반영된다고.

취미를 갖는다는 건 무척 중요하다. 취미란 전적으로 당신만을 위한 크리에이티브한 일이다. 취미란 그것을 통해 돈을 벌거나 유명해질 필요도 없고, 그저 당신이 행복해서 하는 일이다. 취미활동엔 얻을 것만 있고 잃을 건 없다. 내 작품들은 세상에 내보이는 것이지만, 음악은 그저 나와 내 친구들만을 위한 것이다. 우리는 일요일마다 모여서 몇 시간 소음을 만들어낸다. 스트레스도, 앞으로의 계획도 없다. 재충전의 시간인 것이다. 마치 교회와도 같다.

당신의 어느 한 부분도 함부로 버리지 마라. 작업의 큰 그림이나 작품들이 공통적으로 가진 비전에 대해서 걱정하지 마라. 일관성에 대해서도 걱정할 필요가 없다. 당신 작품들의 일관성은 전부 다 당신이 만들었다는 점이다. 먼 훗날 어느 순간 뒤를 돌아보면, 작업의 큰 그림도 일관성도 다 갖춰져 있을 것이다.

⑥ 멋진 작업을

사람들과

<u>THE SECRET</u>: DO GOOD WORK

하고
공유하라

AND SHARE IT WITH PEOPLE.

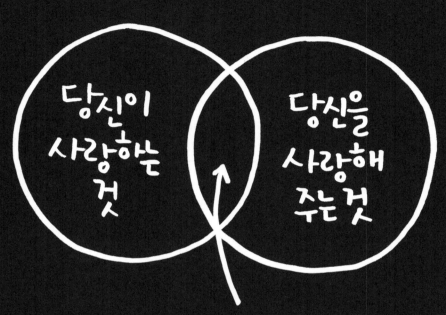

당신이
사랑하는
것

당신을
사랑해
주는것

두가지가 겹친다면
행운아.

무명으로 시작하는 것이 좋다

젊은이들이 이메일로 이런 질문들을 많이 한다. "어떻게 하면 세상이 날 알아줄까요?"

그들을 생각하면 측은하다. 젊은이들은 대학을 졸업하면 괴리감을 느끼게 된다. 강의실은 좀 인위적이긴 해도 아주 환상적인 공간이다. 교수는 당신의 아이디어에 관심을 기울이라고 월급을 받는데다가, 클래스메이트들은 당신의 아이디어에 관심을 기울이려고 등록금을 낸다. 졸업 후엔 두 번 다시 당신에게 그토록 집중하는 청중을 만날 수 없을 것이다.

당신이 뭘 생각하든 세상은 별로 관심이 없다는 걸 곧 알게 될 것이다. 냉정하게 들리겠지만 사실이다. 작가 스티븐 프레스필드도 이렇게 말했다. "세상 사람들이 딱히 못됐고 냉정해서가 아니라, 다들 바쁘기 때문이다."

꼭 나쁜 일만도 아니다. 당신도 어차피 정말 훌륭한 작품을 내놓은 후에 관심을 받고 싶을 테니까. 무명에겐 기대감도 없다. 그래서 그냥 원하는 걸 할 수 있다. 실험적인 것이든 그냥 재미로 하는 것이든. 무명시절엔 그 어떤 것도 당신의 발전에 훼방을 놓지 않는다. 이미지 관리에 신경 안 써도 된다. 거액의 계약금이나 주주도 없고, 매니저가 보내오는 이메일도 없다. 들러붙어서 한몫 챙겨보겠다고 어슬렁거리는 사람도 없다. 사람들의 관심을 받기 시작하면, 게다가 그 관심으로 먹고살게 되면 다시는 이 같은 자유를 누릴 수 없을 것이다.

무명일 때 무명을 즐겨라,

무명을 이용하라.

그렇게 비밀도 아닌 비법

세상에 당신을 알릴 수 있는 비법이 있다면 나는 물론 알려줄 것이다. 그런데 알려줄 것이라곤 그렇게 비밀도 아닌 비법이다. 바로 멋진 작업을 하고 그걸 사람들과 공유하라는 것.

딱 두 가지만 기억하면 된다. **1단계 :** 멋진 작업을 하라. 이건 정말 어려운 일이다. 지름길도 없다. 매일매일 뭔가를 만들어내야 한다. 얼마 안 가망하고 말 것이라는 사실도 알아야 한다. 하지만 실패하고 또 나아진다.

2단계 : 사람들과 공유하라. 10여 년 전만 해도 이렇게 하기는 정말 어려웠었다. 하지만 지금은 너무 쉽다. "당신의 작업물을 인터넷에 올려라."

내가 이런 얘기를 하면 사람들은 되묻는다. "인터넷에 뭐 특별한 거라도 있나요?"

1단계:
뭔가를 궁금해하라.

2단계:
당신과 함께
궁금해 할 사람들을
초대하라.

사람들과 공유하기 위해서도 두 가지 단계가 있다.

1단계 : 뭔가를 궁금해 하라. **2단계 :** 당신과 함께 궁금해 할 사람들을 초대하라. 일단, 아무도 궁금해 하지 않을 것을 궁금해 해야 한다. 모두가 사과에 대해 궁금해 한다면, 오렌지에 대해 궁금해 해야 하는 것이다. 당신의 열정 공유가 오픈마인드가 되면 될수록 사람들은 당신의 작업물에 더 친숙하게 다가설 것이다. 아티스트는 마술사가 아니다. 비밀을 좀 드러낸다고 해서 손해볼 건 없다.

믿을지 모르겠지만, 나는 밥 로스나 마사 스튜어트 같은 이들로부터 많은 영감을 받는다. 밥 로스를 기억하는가? 아프로 머리를 하고 교육방송에 나와서 "해피 리틀 트리즈~" 하던 화가 선생님 말이다. 그는 그림 잘 그리는 법을 가르쳤다. 자신만의 비법을 온 세상에 공개한 것이다. 마사 스튜어트는 사람들에게 인테리어와 살림이 얼마나 멋져질 수 있는지를 알려줬다. 그녀 역시 자신의 비법을 공개했다. 이렇듯 당신이 비법을 공개하면 사람들은 열광한다. 그리고 이를 잘만 이용하면, 사람들은 기어이 당신이 만든 아이템들을 사주기도 할 것이다.

작업과정을 공개하고 사람들을 끌어들이면서 당신도 많은 걸 배우게 된다. 나도 내 〈Newspaper Blackout〉 사이트에 자신의 시를 올리는 사람들에게 굉장히 많이 배웠다. 그들에게서 훔쳐낼 만한 것들을 많이 찾았기 때문이다. 나에게도 그들에게도 이득인 셈이다.

할 말이 있을 때에만 인터넷에 접속하는 건 아니다. 할 말을 찾기 위해서도 인터넷에 접속한다. 인터넷은 당신이 만들어낸 아이디어를 세상에 선보일 수 있는 공간일 뿐만 아니라, 아직 설익은 아이디어들의 인큐베이터, 아직 시작도 안 한 작업의 분만실이기도 하다.

많은 아티스트들이 인터넷상에서 활동을 하면 일을 덜하게 될 것 같다고 걱정하지만, 실제로 나에겐 인터넷이 작업을 계속하게 하는 자극제다. 대부분의 웹사이트나 블로그는 포스트들이 시간상 역순으로 보이게끔 돼 있다. 방문자가 보게 되는 첫 번째 포스트는 내가 가장 최근에 올린 포스트다. 그렇기 때문에 당신의 존재를 가장 잘 드러내줄 수 있는 건 가장 최근의 포스트인 셈이다. 이 점이 나를 긴장하게 하고, 다음엔 뭘 올릴까 생각하게 만든다. 공간을 가짐으로써 그곳을 채워야 한다는 자극을 계속 받을 수 있다. 지난 몇 년간 뭘 해야 할지 모를 때면, 난 내 사이트를 쳐다보면서 중얼거렸다 "또 뭘로 채우지?"

프로젝트의 일생 *

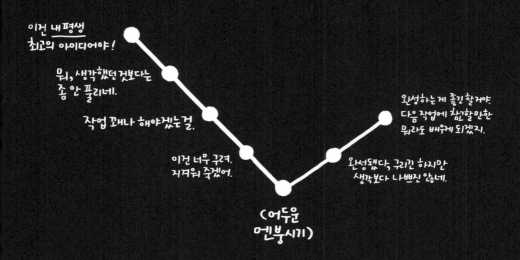

이건 내평생
최고의 아이디어야!

뭐, 생각했던것보다는
좀 안 풀리네.

작업 꼬바나 해야겠는걸.

이건 너무 구려.
저거워 죽겠어.

(어두운
멘붕시기)

완성하는게 졸긴 할거야.
다음 작업에 참할만한
뭐라도 배우게 되겠지.

완성됐다. 구리긴 하지만
생각보다 나빠진 않으네.

*내친구 모린 맥휴에게서 훔쳐옴.

당신의 부분부분들을 공유해라,
대신 그것들을
연결하진 말아라.

컴퓨터를 배워라. 웹사이트 만드는 법을 익혀라. 블로그 하는 법을 배워라. 트위터와 소셜 미디어 그 밖에 다른 모든 소통방법들을 익혀라. 내가 좋아하는 것들을, 좋아하는 사람들을 인터넷에서 찾고 관계를 맺어라. 그들과 소통하라.

모든 것을 공유할 필요는 없다. 때때로 공유를 하지 않는 게 훨씬 좋을 수도 있다. 구상하고 있는 것 중에서 지극히 일부만을 보여줘라. 스케치나 낙서, 단편적인 아이디어 같은 것들만 공유하는 거다. 프로세스의 한 부분만 슬쩍 공유해라. 당신이 공유해야 하는 것은 사람들에게 어떤 가치를 전달할 수 있는 것이어야 함을 기억하라. 작업하면서 알게 된 유용한 팁들을 공유하라. 또는 재미있는 아티클에 링크를 걸어라. 지금 읽고 있는 좋은 책에 대해 멘션을 달아라.

자신만의 비법을 내보이는 것이 걱정된다면, 부분 부분들을 연결하지 않은 채 공유하면 된다. 발표 버튼을 누르는 건 당신의 손가락이어야 한다. 무엇을 공유할지 얼마나 드러낼지를 컨트롤해야 한다.

> "사람들이 당신의 아이디어를 훔쳐갈까 봐 걱정하지 마라. 조금이라도 아이디어가 훌륭하다면 사람들 코앞에다 그것들을 들이대야 한다."
>
> –하워드 에이켄

⑦ 지리적

더 이상

GEO GRAPHY IS NO

한계는
없다
빴
LONGER OUR MASTER.

감금 상태를 즐겨라

내가 자라난 곳은 사우스 오하이오 옥수수밭 한복판이다. 어렸을 때 나는 제발 어떤 일이라도 일어나는 딴 곳으로 가고 싶었다.

지금은 텍사스 오스틴에 산다. 꽤 잘나가는 동네다. 어마어마한 수의 아티스트와 크리에이티브한 사람들이 널려 있다. 그런데 참 신기하다. 나의 멘토와 친구들의 90%는 텍사스 오스틴에 살지 않는다. 그들은 전국 방방곡곡에 산다. 난 그들을 인터넷에서 만났다.

아이디어와 대화, 예술과 관련된 관계들은 거의 온라인에서 일어난다. 물리적인 활동무대 대신 나에겐 트윗 친구들과 구글 리더가 있다.

원하는 세상과 연결되기 위해 특정한 곳에 살 필요는 없다. 어떤 곳이 답답하게 느껴지더라도, 너무 젊거나 늙었거나 빈털터리라도, 어디에 얽매여 있는 상황이더라도, 자신감을 가져라. 관계를 맺을 수 있는 사람들의 커뮤니티가 얼마든지 있다.

내가 몸담고 있는 세계가 맘에 들지 않으면 나만의 세계를 구축하면 된다. (이 시점에서 헤드폰을 쓰고 비치보이스의 노래 'In My Room'을 틀면 딱 좋다.) 좋아하는 책들과 사물들에 파묻혀라. 이것저것 벽에다 붙여라. 자신만의 세상을 구축하라.

프란츠 카프카는 이렇게 썼다. "고향을 떠날 필요는 없다. 책상 앞에 앉아서 귀를 기울여보라. 굳이 귀 기울일 것도 없이 그냥 기다려보라. 굳이 기다리지도 말고, 그냥 조용히 혼자 있어라. 세상이 당신에게 영감을 줄 것이다." 심지어 카프카는 130여 년 전 인터넷도 없던 시대에 태어났다!

필요한 건 약간의 장소와 시간뿐이다. 작업할 장소와 작업할 시간. 자진해서 선택한 고독과 어느 정도의 감금상태. 여건이 안 된다면 가끔 자연 속

에서 고독과 감금상태에 빠질 수 있을 것이다. 어렸을 때 엄마는 나를 쇼핑몰에 데리고 가곤 했다. 쇼핑을 하기 전에 엄마는 서점에 가서 내가 원하는 책 한 권을 사주셨다. 난 벤치에 앉아 엄마의 쇼핑이 끝날 때까지 책을 읽곤 했다. 몇 년을 계속 그렇게 하면서 정말 많은 책들을 읽었다.

지금은 자동차와 핸드폰 때문에 세상과 항상 연결되어 있다. 고독이나 감금상태는 전혀 없다. 그래서 나는 작업실을 오갈 때 직접 운전을 하는 게 20분이나 빠르지만 버스를 타고 다닌다. 와이파이도 없고 예약도 받지 않는 이발소에 가는데 그곳에선 늘 몇 시간을 기다려야 한다. 공항에서는 노트북을 켜지 않고 도서관에서 어슬렁댄다.

나는 항상 책과 펜, 메모지를 가지고 다니며 자발적인 고독과 감금상태를 즐긴다.

집을 떠나라

"거리감과 낯섦이 존재하는 또다른 환경은
크리에이티브의 묘약이다.
나갔다가 집에 돌아오면 집은 늘 그대로다.
하지만
우리 마음속의 뭔가는 달라져 있다.
그것이 모든 걸 달라지게 한다."

―요나 레러

더 이상 지리적 한계가 없다는 말이 장소가 중요하지 않다는 말은 아니다. 어디서 살지 결정하는 것은 여전히 우리가 하는 작업에 지대한 영향을 끼친다.

때가 되었을 때, 여건이 된다면 집을 떠나야 한다. 어느 때고 집으로 돌아올 수는 있지만, 적어도 한 번은 꼭 떠나야 한다.

두뇌는 일상적인 환경에 너무 쉽게 적응해 버린다. 불편하게 만들어야 한다. 다른 나라에서 모든 일을 나와는 다른 방식으로 하는 사람들 사이에서 시간을 보내봐야 한다. 여행은 세상을 새롭게 보이게 하고, 세상이 새롭게 보이면 뇌는 더 열심히 활동한다.

열아홉 스무살 때 운 좋게도 이탈리아와 영국에서 살아본 경험이 내 인생을 바꿔놨다. 다른 문화가 꼭 바다 건너 다른 나라여야 할 필요는 없는 것 같다. 내가 자라난 사우스 오하이오의 고향 사람들에겐 텍사스만 해도 거의 딴 세상처럼 느껴질 것이다. (이곳에서 꽤 오래 살았음에도 나도 이곳이 종종 딴 세상 같다.)

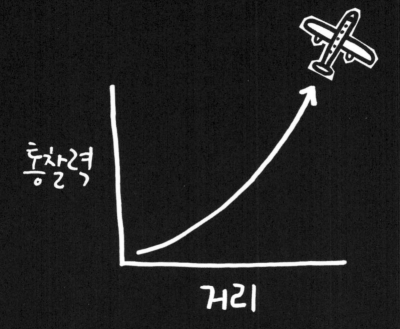

집을 떠나야 하긴 해야겠는데 어디로 가면 좋을까? 어디서 한번 살아봐야 할까? 고려해야 할 사항들이 많지만, 모든 건 전적으로 당신의 취향에 달렸다. 개인적으로 나는 나쁜 기후가 작품활동에 더 좋다고 생각하는 편이다. 밖에 나가고 싶은 생각이 들지 않아 작업실에 머물며 일을 할 수 있기 때문이다. 클리블랜드에 살 때 혹한의 긴 겨울 동안 많은 작품들을 만들어 냈다. 지금 이곳 텍사스에선, 지긋지긋하게 더운 여름에 모든 작업들을 했던 것 같다. (클리블랜드의 겨울과 텍사스의 여름은 길이가 거의 비슷하다. 둘 다 반년쯤 되니까.)

재미있는 사람들이 많은 곳에 사는 것도 도움이 된다. 꼭 내가 하는 일과 같은 일을 하는 사람들이 아니어도 좋다. 작가나 아티스트들하고만 어울리는 건 너무 폭이 좁은 관계라고 생각하기 때문에 나는 오스틴에 사는 영화제작자나 음악가들, IT 업계 괴짜들과 만나는 걸 즐긴다. 아, 그리고 음식. 어떤 음식이라도 좋다. 당신의 크리에이티브, 사회적 관계와 영혼을 살찌우고 문자 그대로 당신의 배를 부르게 해 줄 장소를 찾아야 한다.

새로운 집을 마련했다 해도 때때로 그 집을 떠났다가 돌아와야 한다. 그리고 또 때가 되면 이사를 해야 할 것이다. 하지만 요즘 참 좋은 점은 떠났다고 해도 친구들을 인터넷에서 또다시 모두 만날 수 있다는 것이다.

⑧ 호감형이
(세계는

BE NICE. (THE WORLD IS

되라

작은 마을이다)

A SMALL TOWN.)

친구를 사귀려고 여기 왔어요.

친구를 사귀고
적들은 무시해라

내가 여기 존재하는 이유는 딱 하나 : 친구를 사귀기 위해서

온라인 세상에서 황금률보다 더 중요한 황금률이 있다. 진짜 중요한 교훈: 내가 인터넷상에서 누군가에 대해 언급하면 그는 귀신같이 그걸 찾아낼 것이다. 다들 본인의 이름에 대한 구글 알리미를 사용하고 있다. 인터넷에서 적을 격파하는 제일 좋은 방법은? 그들을 무시하는 것이다. 인터넷에서 친구를 사귀는 제일 좋은 방법은? 그들을 좋게 언급하는 것.

"내가 아는 한 가지 룰:
사람들을 나이스하게
대해야 한다는 것."

-커트 보네거트

111

제일 잘난 사람 근처에 있어라

"내 주변엔
배울 만한 점들이 있는
녀석들밖에 없다."

—퀘스트러브

"잡동사니들을 끌어 모아야 잡동사니들을 만들어낼 수 있다."를 기억하는가? 당신은 딱 주변에 있는 사람들만큼 훌륭해질 것이다. 그러니까 인터넷상에서는 최고의 사람들을 주변에 두어야 한다. 당신보다 훨씬 똑똑하고 훌륭한 사람들이나 아주 재미있는 작업을 하고 있는 사람들을 팔로어하고, 그들이 하는 말과 행동, 링크에 관심을 기울여라.

당신에게 필요한 것 :

- ☐ 호기심
- ☐ 친절함
- ☐ 체력
- ☐ 스스로 바보같아 보일 수 있는 용기

배우이자 감독인 해럴드 래미스는 내 또래 사람들에게 고스터버스터즈의 에곤 역으로 아주 유명하다. 그가 말하는 성공의 룰은 다음과 같다. "주변에서 가장 재능 있는 사람을 찾아라. 그 사람이 당신이 아니라면 그 일인자의 곁에 서라. 그와 함께 어울리고, 그에게 잘 보이려고 노력하라." 래미스는 진짜 운이 좋았다. 그의 주변에서 가장 잘난 사람이 친구인 유명 코미디언 빌 머레이였으니까 말이다.

주변에서 제일 잘난 사람이 당신이라면, 그 주변에서 벗어나 다른 장소로 가야 한다.

시비만 걸지 말고 가서 뭔가 만들어내라

온라인에서 형편없는 내용을 보게 되면 그걸 바로잡고 싶어서 안달이 나게 마련이다. 언젠가 내가 늦게까지 노트북에 매달려 있자 아내가 나한테 소리쳤다. "트위터에서 시비나 걸지 말고 가서 뭐라도 좀 만들어내지 그래?"

맞는 말이다. 하지만 분노는 내 크리에이티브의 가장 좋은 원천이다. 헨리 롤린스는 자신이 화를 잘 내고 호기심이 많은 사람이라고 말했고, 그것이 그의 원동력이었다. 일어나기 힘든 아침에, 나는 침대에서 이메일이나 트위터를 본다. 그러면 피가 끓기 시작하고 침대를 박차고 나오게 된다. 그러고

나서 내 분노 에너지를 불평불만이나 언쟁에 낭비하는 대신, 그것을 글쓰기나 그리기 작업에 쏟아부으려고 애쓴다.

그러니 계속 분노 상태로 있어라. 하지만 입은 꾹 닫은 채로 조용히 당신의 작업을 하라.

"다른 소프트웨어에 대한
불만 제기는
새 소프트웨어를
만들어내는 걸로 하는 것이다."

―앙드레 토레즈

팬레터를 써라

젊었을 때 나는 팬레터를 진짜 많이 썼고, 운 좋게 나의 몇몇 영웅들로부터 피드백도 받았다. 팬레터를 쓰고 답장을 받았으면 좋겠다는 압박감 때문에 힘들어진다. 팬레터를 쓸 때면 우리는 덕담이나 긍정적인 반응을 기대한다. 하지만 내 친구 휴 맥레오드가 말한 것처럼 "인정받는 가장 좋은 방법은 아예 인정 자체를 필요로 하지 않는 것이다."

누군가의 작품을 정말로 사랑한다면, 그 작가로부터 굳이 답장을 받지 않아도 좋다. (펜레터를 쓰고 싶은 대상이 몇 백 년 전에 세상을 떠난 상태라면, 당신은 참 운이 없는 거다.) 그래서 나는 공개적인 팬레터를 추천한다. 인터넷은 이걸 하기에 아주 좋은 곳이다. 존경하는 작가의 작품에 대한 글을 블로그에 올리고 그 작가의 사이트에 링크를 걸어라. 뭔가를 만들어서 당신의 영웅들께 헌정하라. 그들의 물음에 답하고, 어려운 점을 해결해주고 그들의 작업을 발전시키고 온라인에서 공유하라.

그 영웅이 당신의 작품을 볼 수도 있고 아닐 수도 있다. 응답을 해줄 수도 있고 아닐 수도 있다. 아무런 대가도 바라지 않고 당신의 애정을 보여주고, 그 애정으로부터 새로운 작품을 만들어내는 것, 이것이 중요하다.

"허가"는 주차에나 쓰는 말이다

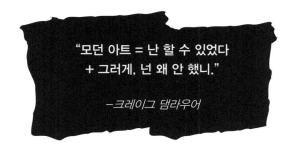

"모던 아트 = 난 할 수 있었다
+ 그러게, 넌 왜 안 했니."

-크레이그 댐라우어

크리에이티브한 작업엔 안 좋은 점이 있다. 내 작업의 의미를 세상이 이해하게 되는 때는 '난 이미 그 작업에 넌더리가 나 있거나' '죽은 상태'다. 내가 가져다 쓴 모든 소스에 대해 일일이 허가를 구하고 다닐 수는 없다. 그리고 세상에 작품을 내놓고 나면 그 작품에 대한 사람들의 반응은 당신이 어떻게 컨트롤할 수 없다.

아이러니하게도 정말 좋은 작품은 힘 안 들이고 만든 것처럼 보인다. "내가 왜 저 생각을 못했지?" 세상 사람들은 이렇게 말하며 작품에 쏟아부은 땀과 고생의 세월들은 보지 않으려 한다.

모두가 내 작품을 이해하진 못한다. 세상은 나와 내 작품들을 오해할 것이다. 욕을 할 수도 있다. 그러니 오해받고 폄하당하고 무시당하는 것에 익숙해져라. 작품활동을 하느라 너무 바빠서 그런 것에 신경 쓸 시간이 없도록 하는 것, 이것이 요령이다.

칭찬 파일을 만들어라

인생은 고독하고 때때로 절망과 비난으로 가득 차 있기도 하다. 그렇다. '허가'란 '주차허가'같은 단어에나 쓰는 말이다. 그럼에도 불구하고 내 작품에 대해 사람들이 좋은 말들을 해주는 건 어마어마하게 큰 힘이 된다.

나는 종종 작품을 온라인에 올린 다음, 1주일 내지 2주일 동안 내 작품을 찾아 트위터와 이메일의 세계를 항해한다. 굉장히 멋진 일이다. 정처 없이 떠돈다. 아주 짜릿하다. 하지만 곧 흥분은 가라앉고 내리 몇 주 동안 어둠의 바닥을 기게 된다. 그때가 되면 작품활동을 영원히 관두고 싶고 애초에 내가 왜 이런 일을 하겠다고 끙끙거렸는지 후회한다.

그래서 나는 내가 받은 아주 기분 좋은 이메일들을 스페셜 폴더에 저장해 둔다. (날 욕하는 이메일들은 바로 삭제한다.) 어둠의 날들이 찾아오고 응원이 필요할 때면 폴더를 열어 메일들을 죽 읽어본다. 그러고 나서 다시 작업을 계속한다. 자, 이제 비난 파일 대신 칭찬 파일을 만드는 거다. 아주 가끔만 들여다보되—과거의 영광에 빠져 있을 순 없으니까—격려가 필요할 때를 대비해 언제나 칭찬 파일을 갖고는 있어야 한다.

⑨ 질릴만큼

(이)것이야말로 작품을

BE BORING. (IT'S THE ONLY

꾸준히 하라

완성하는 유일한 길이다)

WAY TO GET WORK DONE.)

"규칙적이고 정돈된 삶을 살 것,
그래야만 당신의 작품이
강렬함과 독창성을 갖게 된다."

—귀스타프 플로베르

자기 관리를 할 것

나는 조용한 동네에서 아내랑 개와 함께 살면서 매일 오전 9시부터 오후 6시까지 작업을 하는 지루한 사람이다. 마약을 하고 이 사람 저 사람과 사귀고 아무하고나 잠을 자고… 크리에이티브한 천재들에 대한 뭔가 굉장히 정열적인 이미지는 더 이상 안 먹힌다. 이런 이미지는 초인적인 체력을 가졌거나 요절하고 싶은 사람들에게나 해당된다. 실제로, 크리에이티브해지기 위해선 어마어마한 에너지가 필요하다. 그 에너지를 다른 일들에 낭비할 순 없는 것이다.

내가 꽤 오래 살 거라고 가정하는 편이 좋다. (그래서 패티 스미스도 젊은 아티스트들에게 정기적으로 치과 검진을 받으라고 했다.) 아침을 챙겨 먹자. 팔굽혀펴기도 좀 하자. 긴 산책을 하자. 푹 자자.

닐 영은 노래했다. "화르륵 타버리는 것보다 슬슬 바래져가는 것이 낫다"고. 난 이렇게 얘기하겠다. 오래오래 타오르고 손자손녀도 다 안아보라고.

금전적으로 빚지지 말 것

내가 아는 사람들 대부분은 돈에 대해 생각하는 걸 싫어한다. 제발 그러지 마라. 가급적 빨리 돈에 대해 배워라.

할아버지는 아버지에게 말씀하시곤 했다. "아들아, 버는 돈이 중요한 게 아니다. 수중에 있는 돈이 중요하다." 예산을 짜라. 그 안에서 생활해라. 도시락을 싸서 다니고 짠돌이가 돼라. 돈은 모을 수 있는 만큼 모아야 한다. 필요한 교육은 최대한 저렴하게 받아라. 수중에 돈을 갖고 있는 기술은 바로 소비를 조장하는 이 사회에 '노(No)'를 하는 것. 그것이 다. 4,500원짜리 테이크아웃 카페라테에 노. 오래된 노트북이 제대로 작동을 하면 따끈따끈한 신상 노트북에도 노.

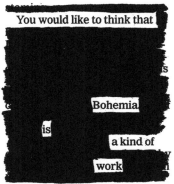

You would like to think that

Bohemia

is

a kind of

work

보헤미안처럼 거침없이 자유롭게 사는 것도
참 피곤하다는 걸 알게 될 것이다.

make sure

how much sleep

you

get

몇 시간이나 잘 수 있겠는지 늘 잘 계산해라.

know

money

돈을 알아라.

put the
time

in

밖에다 시간을 버리지 마라.

출퇴근하는 일을 가질 것

정말이지 운 좋게 자신이 진짜 좋아하는 일을 하면서도 먹고살 수 있다고 해도, 기반을 잡는 데엔 꽤 시간이 걸린다. 그때가 될 때까지는 일자리가 필요하다.

일은 내게 보수를 주고, 세상에 대한 끈을 놓지 않게 해주고, 규칙적으로 생활할 수 있게 해준다. 경제적인 스트레스로부터 자유로워지면 예술활동도 자유로워진다. 사진작가 빌 커닝햄도 얘기했다. "저한테 돈 안 주는 사람들로부터 이래라저래라 하는 얘긴 안 들어요."

일은 나와 세상사람들이 섞여 살 수 있게 해준다. 그들로부터 배우고 또

133

훔쳐라. 나는 나중에 작품활동에 써먹을 수 있는 것들을 얻게 해줄 일을 구하려고 애썼다. 도서관 일에서 리서치하는 방법을 배웠고, 웹디자인 일에선 웹사이트 만드는 법을, 카피라이터 일에선 말로 세일즈하는 법을 배웠다.

일을 갖는 것의 가장 큰 단점은 시간을 뺏긴다는 점이다. 그러나 크리에이티브한 작업 시간을 매일 일정하게 배분하는 스케줄을 짜면 되기 때문에 큰 문제가 되진 않는다. 규칙적인 생활 계획을 세우고 지키는 것이 시간을 잔뜩 갖는 것보다 훨씬 더 중요하다.

무기력은 크리에이티브에 암적인 존재다. 항상 리듬을 타고 있어야 한다. 한 번 리듬을 잃게 되면 작품활동이 두려워지기 시작하고, 또 스스로 이런 끔찍한 상태가 꽤 지속될 것임을 알고 있기 때문에, 흐름을 되찾을 때까지는 쭉 끔찍한 상태로 지낼 수밖에 없다.

해결법은 간단하다. 내가 언제 시간을 내서 작품을 만들 수 있는지, 언제 작품을 위한 도둑질을 할 수 있겠는지 잘 따져본 다음, 일단 출퇴근을 열심히 하라. 그리고 무슨 일이 있어도 매일 작품활동을 해라. 휴가도 병가도 없다. 멈추지 마라. 이렇게 쭉 하다 보면 '시간이 더 많이 주어진다고 해서 더 많은 일을 하는 건 아니다'라는 파킨스의 법칙이 맞다는 걸 알게 될 것이다.

분명 재미있는 일은 아닐 것이다. 이중생활을 하고 있다는 느낌도 자주 들 것이다. 시인 필립 라킨이 말한 최고의 비법은 다음과 같다. "철저히 정신분열증으로 살면 된다. 이 사람으로 살다가, 저 사람으로 살다가, 각각은 서로의 피난처가 돼줄 테니."

적당한 보수를 받고, 구토 나올 정도로까지 바쁘지 않으면서, 남는 시간에 작품활동을 할 수 있는 에너지를 확보할 수 있는 일자리를 찾는 것이 요령이다. 좋은 일자리를 찾는 게 쉽진 않겠지만, 있긴 있다.

첫 책을 내기 위해 썼던 캘린더

캘린더를 가질 것

작품을 만든다거나 커리어를 구축한다는 것은 작은 노력들을 오랜 시간 천천히 쌓아올려야 하는 일이다. 날마다 한 페이지씩 쓰는 글은 결코 많지 않지만, 그것이 365일 계속되면 한 권의 소설책이 된다. 클라이언트 앞에서 성공적인 프레젠테이션 한 번은 사소한 승리 같지만 그런 일이 열 번 정도 일어나면 승진도 할 수 있다.

캘린더는 작품에 대한 플랜을 짤 수 있게 해주고, 구체적인 목표를 세우게 해주며, 길을 잃지 않게 도와준다. 코미디언 제리 사인필드는 캘린더를 활용해 매일매일 조크를 썼다. 그는 1년을 다 볼 수 있는 캘린더를 벽에 붙여놓으라고 권한다. 그리고 해야 할 일을 칸칸마다 쪼개 넣고, 날마다 작업을 끝낸 후에는 그날의 칸에 크고 두꺼운 X를 그려 넣으라고 제안한다. 사인필드는 이렇게 설명한다. "이렇게 며칠 하고 나면 체인이 생기지요. 그냥 계속해 나가기만 하면 체인은 하루하루 길어질 겁니다. 이 체인을 바라보고 있으면 아주 흐뭇할 거예요. 특히나 몇 주 동안 체인이 길게 이어져 있을 때면요. 이제 당신은 그 체인이 끊어지지 않게만 하면 돼요."

캘린더를 가져라.

한 칸 한 칸 X를 채워 나가라.

체인을 끊지 마라.

일지를 써라

    미래에 대한 차트가 필요한 것처럼, 과거에 대한 차트도 필요하다. 일지가 꼭 다이어리나 일기장이 될 필요는 없다. 그냥 매일 내가 한 일의 리스트를 적을 수 있는 작은 노트면 된다. 어떤 작업을 했는지, 어디로 점심을 먹으러 갔는지, 무슨 영화를 봤는지 같은 것들의 리스트 말이다. 디테일하게 일기를 쓰는 것보다 훨씬 쉬운 일일 테지만 몇 년 후에 이 노트가 얼마나 도움이 되는지 알게 되면 감탄하게 될 것이다. 사소한 디테일들이 큰 디테일들을 기억할 수 있도록 도와줄 것이다.

    원래 일지는 선원들이 얼마나 항해를 했는지 그 궤적을 파악하기 위해

139

쓰던 것이었다. 우리가 쓰는 일지도 똑같다. 우리의 배가 얼마나 멀리 항해 해왔는지를 볼 수 있게 해준다.

"스스로에게 물어보자. '오늘 일어난 일 중에 가장 좋았던 것은?'
이런 질문과 맞닥뜨리면 뭘 적어 넣을까 생각하면서
최근 일들 중에서 즐거운 것을 회상하게 될 것이다.
질문을 받지 않았다면 생각조차 하지 않았을 일들 말이다.
그런데 만약 '오늘 일어났던 일은?'이라고 묻는다면
아마도 최악의 일을 떠올릴 것이다.
어딜 급하게 가야 한다든지 누군가 당신에게 안 좋은 말을 했다든지,
이처럼 당신이 처리해야 하는 일들이 생각나고 기억에 남게 될 것이다.
하지만 가장 좋았던 일이 뭔지를 물으면
특별한 빛이나 누군가의 행복한 표정 또는 진짜 맛있는 샐러드 같은
좋은 것들이 기억에 남을 것이다."

─니컬슨 베이커

나의 일지 중에서

(MY LOGBOOK)

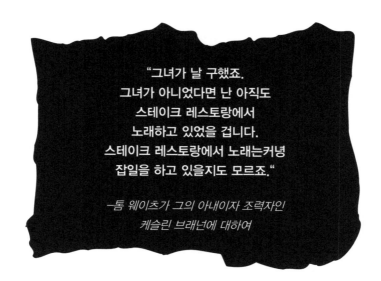

"그녀가 날 구했죠.
그녀가 아니었다면 난 아직도
스테이크 레스토랑에서
노래하고 있었을 겁니다.
스테이크 레스토랑에서 노래는커녕
잡일을 하고 있을지도 모르죠."

—톰 웨이츠가 그의 아내이자 조력자인
케슬린 브래넌에 대하여

결혼을 잘 할것

누구랑 결혼할지는 인생의 가장 중대한 결정이다. 그리고 '결혼을 잘한다는 것'이 꼭 배우자를 만나는 것만을 의미하진 않는다. 누구랑 사업을 할지, 누구와 친구가 될지, 누구를 내 주위에 둘지에 대한 문제이기도 하다. 인간관계는 그 자체만으로도 어려운데다가 크리에이티브에 대한 야망에 사로잡힌 사람과 결혼하는 일엔 대단한 용기가 필요하다. 오래도록 하인이 되어야 하고, 요리사도 되어야 하며, 의욕을 북돋는 강사, 엄마, 편집자의 역할을 동시에 다 해내야 하니까 말이다.

좋은 파트너는 안정감을 준다. 아티스트와 살려면 온 집안이 영감을 줄 수 있어야 하지 않느냐고 내 친구가 묻자, 우리 아내는 이런 농담으로 받아쳤다. "그렇죠. 전 아주 그냥 레오나르도 다빈치랑 사는 거 같아요." 우리 아내, 최고다.

⑩ 크리에이티브는

빼기다

CREAT IVITY IS SUB TRACTION.

Olympics. Sure, it could be biased, but at least it was explicable bias.

Creativity is

subtraction.

크리에이티브는 빼기다.

/GETTY IMAGES

od, Tara
veral for-
moved on.

could
ioned

he described as "a Care Bear on

more. I
it."

His r
to hear
sponse
age one
regret
here fe
You've
chance
al a rea

That'
kick Jo
He retu
harder
to disa
light.

Now
Olympi
gram h
gram is
who fin
all are
Olympi

무엇을 뺄지 선택하라

지금 같은 정보 과잉시대에 앞서가는 사람은 무엇을 덜어내야 할지 잘 간파하는 사람이다. 그래야만 진짜 중요한 것에 집중할 수 있기 때문이다. 무한한 가능성만큼 사람을 힘 빠지게 하는 것도 없다. 무엇이든 다 할 수 있다는 생각은 정말이지 공포스럽다.

크리에이티브가 꽉 막혀버린 상태를 극복하는 방법은 스스로 선을 긋는 것이다. 역설적으로 들리겠지만, 크리에이티브한 일에 있어서 '제한'은 '자유'를 의미한다. 딱 한 가지 색으로만 그림을 그리는 것. 초기 자본 한 푼 없이 창업하는 것. 아이폰만 가지고 영화를 찍는 것. 예비부품만으로 기계를 만드는 것. 시도도 안 하면서 핑계만 대지 마라. 당신이 가진 시간과 공간, 재료들만으로 바로 지금 뭐라도 만들 수 있다.

적절한 제한은 아주 탁월한 작품을 탄생시킬 것이다. 예를 들어볼까? 닥터 수스는 236개의 각각 다른 단어만으로 'The Cat in the Hat'을 썼고, 그의 편집자는 닥터 수스에게 각기 다른 50개 단어로만 책을 쓸 수 있는지에 대해 내기를 걸었다. 닥터 수스는 'Green Eggs and Ham'이라는 베스트셀러 동화가 된 작품을 갖고 돌아왔고 내기에 이겼다.

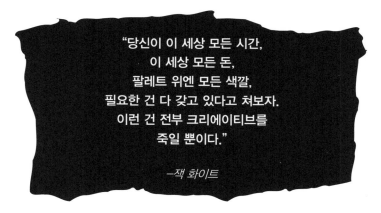

"당신이 이 세상 모든 시간,
이 세상 모든 돈,
팔레트 위엔 모든 색깔,
필요한 건 다 갖고 있다고 쳐보자.
이런 건 전부 크리에이티브를
죽일 뿐이다."

―잭 화이트

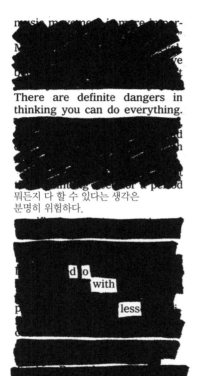

There are definite dangers in thinking you can do everything.

뭐든지 다 할 수 있다는 생각은
분명히 위험하다.

whittle down the stream s o you can think

생각할 수 있도록 곁가지들은 쳐내라.

'덜' 가지고 작업하라.

start now

지금 시작하라.

아티스트 사울 스타인버그는 말했다. "어떤 예술작품에 대해 감상자가 반응할 땐 한계와 맞서 싸운 아티스트의 고뇌에 반응하는 것이다." 아티스트가 빼기로 한 것이 작품을 흥미롭게 만든다. 눈에 안 보이는 부분이 눈에 보이는 부분을 도드라지게 한다. 사람의 경우에도 마찬가지다. 우리가 이미 경험한 것보다 경험하지 못한 것이 훨씬 더 흥미를 자극한다. 작업을 할 때도 똑같다. 그러니 한계를 끌어안고 앞으로 나아가라.

마지막으로, 크리에이티브는 작품 안에 어떤 것을 넣을까가 아닌 어떤 것을 빼낼까의 문제다.

신중하게 선택하고

즐겨라.

이제 뭐 해야 될까?

- ☐ 걸어라
- ☐ 도둑질 파일을 만들어라
- ☐ 도서관에 가라
- ☐ 공책을 사서 갖고 다니며 써라
- ☐ 캘린더를 활용하라
- ☐ 일지를 써라
- ☐ 이 책은 멀리 치워 버려라
- ☐ 블로그를 시작하라
- ☐ 낮잠을 자라

추천 도서

- LYNDA BARRY, <u>WHAT IT IS</u>

- HUGH MacLEOD, <u>IGNORE EVERYBODY</u>

- JASON FRIED + DAVID HEINEMEIER HANSSON, <u>REWORK</u>

- LEWIS HYDE, <u>THE GIFT</u>

- JONATHAN LETHEM, <u>THE ECSTASY OF INFLUENCE</u>

- DAVID SHIELDS, <u>REALITY HUNGER</u>

- SCOTT McCLOUD, <u>UNDERSTANDING COMICS</u>

- ANNE LAMOTT, <u>BIRD BY BIRD</u>

- MIHALY CSIKSZENTMIHALYI, <u>FLOW</u>

- ED EMBERLEY, <u>MAKE A WORLD</u>

당아다

(당신이 얻을 마일리지는 다양할 것이다!)

어떤 조언은 듣기 싫을 지도 모른다.

편안하게 취할 것만 취하고

나머지는 그냥 듣고 흘려라.

룰이란 건 없다.

덧붙이고 싶은 생각이나 하고 싶은 얘기는

www. AUSTINKLEON .com

BE AS GENEROUS
AS you CAN, BUT
SELFISH ENOUGH TO
GET YR WORK DONE.

한없이 관대하되 작품을 완성할 수 있을 정도로
충분이 이기적이어야 한다.

QUILTING
vs
WEAVING

퀼트 vs 뜨개질

the internet:
Live By IT, Die By IT.

인터넷에 살고, 인터넷에 죽고.

DRAWN
TO
SCALE

비늘로 퇴화할 수도 있음.

ORIGINALITY
IS Depth + BREADTH
of SOURCES

오리지널리티란 재료의 깊이+넓이

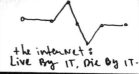
SKELETO
vs
CONTAINER

그릇 vs 뼈대

ALL ART
IS A
COLLABORATION.

모든 아트는 콜라보레이션이다.

MAKE things FOR
PEOPLE you LOVE.
FOR PEOPLE You WANT
TO Meet.

사랑하는 사람들을 위해 작품을 만들어라.
만나고 싶은 사람들을 위해 작품을 만들어라.

YOUR PARENTS
INVENT you.
AND you TAKE
IT FROM THERE.

나는 부모님들의 발명품이고, 나는 그 발명품을

STEAL FROM
yourself.
DREAMS | MEMORY.

CONTAIN
MULTITUDES.

ARTISTS
NEED
POCKETS.

아티스트는 포켓이 필요해

나의 부모님, 샐리와 스캇 클레온.

. . . .

냉철한 비평을 해준 에이미 개쉬.

. . . .

내 블로그를 인터넷상에 퍼뜨려주고

나에게 끝없는 영감의 원천이 되어주는

온오프 라인의 모든 친구들과 가족들.

. . . .

마지막으로 브룸 커뮤니티 컬리지에 무척 감사드립니다.

거기서 강연할 기회가 없었다면

저는 이 책에 열거한 리스트를 절대로 만들어낼 수 없었을 거니까요.

. . . .

옮긴이의 말

　'아이디어를 깐다'는 말이 있다. 분명 아름답고 고상하게 들리진 않지만 내가 일하는 광고계에서 꽤 흔하게 쓰이는 말이다. "아이디어 언제 깔래?"는 "아이디어 회의 몇 시에 할까?"와 같은 뜻이라고 보면 된다. 이때의 '깐다'는 '귤을 깐다'처럼 '무언가의 껍질 따위를 벗기다'라는 의미다. (그 형태가 텍스트이건 비주얼이건 상관없이 새로운 생각을 담아낸 표현물을 '아이디어'라고 칭한다면, 이 글에서 계속 등장하게 될 두 단어 '아이디어'와 '크리에이티브'는 같은 뜻이라고 생각하면 될 것 같다.)

　　그런데 이 아이디어란 것이 자판을 타이핑하는 손가락 끝에서 주르륵 흘러내리는 것도 아니고, 머리 꼭대기에 있는 뇌에서 파파팟 터져 나오는 것도 아니다. 뇌 속이 텅 빈 느낌이 드는 때가 있는가 하면, 뇌 속은 꽉 차 있는 것 같은데 도무지 표현이 되어 나오지는 않는 생각의 변비 상태를 겪기도 한다. 이렇게 아이디어 하나가 탄생하기까지의 고통을 생각해 보면 '아이디어를 깐다'에서의 '깐다'는 '알을 품어 새끼가 껍데기를 깨고 나오게 하다'라는 뜻에 더 가까울지도 모르겠다.

　　아이디어를 깠다가 까이기도 한다. 내심 죽이는 아이디어라고 꺼내놓은 야심작은 '너무 갔다', '너무 평범하다', '광고주가 못 받아들일 거다' 등 회의실에 모여 앉은 리뷰어들의 잣대로 석석 잘려나가거나 흔적도 없이 살해당한다. 크리에이티브가 어려운 것은 어쩌면 사람들로부터 인정받고 싶어 한다는 숙명 때문일 것이다. 러브레터를 멋지게 쓰는 건 상대적으로 쉬운 일일지 모른다. 하지만 세상 어디에도 없는 아름다운 문장들로만 쓰인 러브레

163

터일지라도 그걸 받아든 수신자가 '으잉? 이게 뭐야?' 해버린다면 그걸로 게임오버다.

　새로움을 만들어내고 선보이는 것도 어렵고 그렇게 선보인 새로움이 사랑 받는 것도 어렵다. 사람들은 새로움을 요구하면서도 너무 낯선 새로움엔 호감을 못 느끼거나, 저마다 생각하는 새로움의 결이 다를 때도 많다. 그 때문에 어떤 이에게 더없이 새로운 것이 다른 이에겐 아닐 수도 있다. 크리에이티브는 이 모든 것을 다 감안한 채로, 동시에 이 모든 것을 넘어서서 '멋진 건 누가 봐도 멋진 거다'의 상태를 완성하는 것. 아하, 역시나 크리에이티브는 필연적으로 고통과 한숨, 목마름을 동반할 수밖에 없는 일이겠다.

　아이디어가 퍽퍽하게 막힐 때마다 아이디어 발상법이나 크리에이티브에 대한 책들을 찾아 읽었다. 좋은 말이고 맞는 말이었다. 애석하게도 그 많은 페이지 속에 마음을 치는 문장은 많지 않았다. '예습 복습 철저히 하고 학교 수업에 충실했어요'라는 서울대 수석 합격자의 고백이나 '충분히 푹 자고 물을 많이 마셔요'라는 성형미녀의 비법이 딱히 와 닿지 않는 것처럼.

164

'늘 생각하라', '많은 걸 보고 느끼고 경험하라', '메모하는 습관을 가져라' 같은 리스트들이 무용한 건 아니겠으나, 몰라서 못하는 게 아닌 그런 조언들엔 적잖은 피로가 느껴졌다. 크리에이티브에 대해서 크리에이티브한 조언을 듣고 싶은데, 크리에이티브에 대한 책까지 쓰는 크리에이티브한 사람들이 어째서 나도 다 아는 천편일률적인 얘기만 하는지 알 수 없었다.

이 책은 조금 다른 얘기를 던지고 있다. 번역을 끝낸 내게 남은 가장 큰 수확은 크리에이티브 작업이 더 이상 외롭지 않아졌다는 점이다. 광고 아이디어를 짜내야 하는데 내 성에도 차지 않는 것들만 나올 때면, 나는 점점 초조해지다가 종국엔 좀 외로워졌다. 다행히 광고 크리에이티브는 혼자서 하는 작업이 아니어서 서로의 아이디어들을 해체하고 조합하면서 훨씬 멋진 것이 툭 태어나는 경우도 많다. 그러나 이 역시도 각자 들고 온 크리에이티브의 완성도가 있을 때 가능한 일이다. 어쩔 수 없이 일정 시간 이상 혼자 끙끙거려야 하는데 욕심만 앞서고 결과물은 시원찮을 때마다 우주 미아가 된

것 같은 그 막막함과 서러움. 나는 이 막막함과 서러움을 떨쳐낼 방법을 이 책에서 찾았다. 그 발견은 여러분의 몫으로 남겨두겠다.

크리에이티브의 감상자가 되는 것도 행복하지만 크리에이티브의 생산자가 되는 것은 비교도 안 되게 짜릿한 일이다. 내가 만들면서 '이거다!' 싶었던 것이 세상으로부터 '바로 그거야!'라는 반응으로 돌아온다면! 지금 이 책을 펼쳐든 당신도 분명 속 편한 감상자보다는 좀 힘들더라도 기어이 생산자가 되는 쪽에 훨씬 끌리는 사람일 것이다.

당신이 멋지게 완성하고 싶은 크리에이티브가 미술, 음악, 춤, 글, 영화, 요리, 디자인 혹은 몇 페이지짜리 보고서, 몇 분짜리 프레젠테이션, 그 어떤 것이든, 이 책은 그 타오르는 갈증을 훑고 내려가는 시원한 한 줄기가 될 수 있을 것이다.

노진희

훔쳐라, 아티스트처럼

초판 1쇄 2013년 3월 15일
2판 6쇄 2022년 11월 30일

지은이 ｜ 오스틴 클레온
옮긴이 ｜ 노진희

대표이사 겸 발행인 ｜ 박장희
제작 총괄 ｜ 이정아
편집장 ｜ 조한별

한글 켈리그라피 ｜ 나세진
디자인 ｜ (주)그래픽타오

발행처 ｜ 중앙일보에스(주)
주소 ｜ (04513) 서울시 중구 서소문로 100(서소문동)
등록 ｜ 2008년 1월 25일 제2014-000178호
문의 ｜ jbooks@joongang.co.kr
홈페이지 ｜ jbooks.joins.com
네이버 포스트 ｜ post.naver.com/joongangbooks
인스타그램 ｜ @j__books

ⓒ Austin Kleon

ISBN 978-89-278-1105-3 02190

- 이 책은 저작권법에 따라 보호받는 저작물이므로 무단 전재와 무단 복제를 금하며
  책 내용의 전부 또는 일부를 이용하려면 반드시 저작권자와 중앙일보에스(주)의 서면 동의를 받아야 합니다.
- 책값은 뒤표지에 있습니다.
- 잘못된 책은 구입처에서 바꿔 드립니다.
- 이 도서의 국립중앙도서관 출판예정도서목록(CIP)은 서지정보유통지원시스템(seoji.nl.go.kr)과
  국가자료종합목록 구축시스템(kolis-net.nl.go.kr)에서 이용하실 수 있습니다. (CIP제어번호: CIP2020012616)

중앙북스는 중앙일보에스(주)의 단행본 출판 브랜드입니다.

DOODLES